Matthias Felder

KAVA-KAVA

Piper methysticum

Natürliche Hilfe bei Ängsten, Stress und Erschöpfung

Der Autor hat bei der Erstellung dieses Buches Informationen und Ratschläge mit Sorgfalt recherchiert und geprüft, dennoch erfolgen alle Angaben ohne Gewähr; der Autor kann keinerlei Haftung für etwaige Schäden oder Nachteile übernehmen, die sich aus der praktischen Umsetzung der in diesem Buch dargestellten Inhalte ergeben. Bitte respektieren Sie die Grenzen der Selbstbehandlung und suchen Sie bei Erkrankungen einen erfahrenen Arzt oder Heilpraktiker auf.

ISBN: 9798846371828

Imprint: Independently published

Inhaltsverzeichnis

Matthias Felder

KAVA-KAVA

Piper methysticum

Natürliche Hilfe bei Ängsten, Stress und Erschöpfung

Kava-Kava – Piper methysticum

Kava-Kava – Piper methysticum, oder Rauschpfeffer genannt, ist eine Pflanzenart aus der Gattung Pfeffer in der Familie der Pfeffergewächse – Piperaceae. Kava-Kava erkennt man an seinen herzförmigen, saftig grünen Blättern. Die werden jedoch selten genutzt, denn das Pflanzenextrakt wird meist aus der Wurzel gewonnen. Der Rauschpfeffer ist ein 2 bis 3 m hoher, zweihäusiger Busch mit knotigem Hauptspross. Seine Blätter sind sehr groß (13 – 28 cm lang, 10 – 22 cm breit), unterseitig flaumig behaart und mit einem tief-herzförmigen Grund und großen Nebenblättern. Zahlreiche kleine Blüten stehen in einem bis 9 cm langen ährenartigen Blütenstand. Der unterirdische Wurzelstock – das Rhizom ist verzweigt und saftig, nach unten gehen davon viele Wurzel ab.

Aus Pflanzenbestandteilen wird ein traditionelles Getränk des südpazifischen Raumes hergestellt, das vor allem als Zeremonialgetränk bei religiösen und kulturellen Anlässen konsumiert wird. Bekannt ist der Kava-Kava-Pfeffer (Piper methysticum) wegen der gleichnamigen Kava-Kava-Zeremonie, die im Südpazifik bis heute Tradition ist. Hierbei werden die gekochten Wurzeln des Pfeffers durch ein Tuch aus Hibiskus-Fasern gepresst und dadurch ein berauschendes Getränk hergestellt. Der Rangordnung der Anwesenden entsprechend wird eine Schale mit dem Getränk herumgereicht, bevor z.B. politische Unterredungen oder Verhandlungen aufgenommen werden.

Kava-Kava (auch Kawa-Kawa) wurde bereits vor Jahrtausenden mit seefahrenden Völkern auf den Pazifischen Inseln verbreitet, für die die Wurzeln der psychoaktiven Pfefferart im kulturellen und religiösen Leben eine große Bedeutung hatten. Im täglichen Gebrauch und bei Zeremonien überall in Polynesien war das tonisierende, erfrischendes Getränk unverzichtbar. Das gemeinschaftliche Kavatrinken war ursprünglich eine sehr intime und religiöse Zeremonie.

Auf Hawaii wurden rund 30 verschiedene Kavasorten für medizinische, religiöse, politische, kulturelle und soziale Zwecke von allen sozialen Klassen genutzt, sowohl von Männern als auch von Frauen. Kava hatte dort die Rolle als Feierabendgetränk zum Entspannen und Lockern von Muskeln. Auch unruhigen Kleinkindern wurde Kava verabreicht, um sie zu beruhigen und besser schlafen zu lassen.

Das Kava-Getränk soll Wohlbefinden, Friedfertigkeit und Entspannung induzieren, ohne das Bewusstsein und die Denkfähigkeit zu beeinträchtigen.

Es fand auch volksmedizinische Verwendung. Verschiedene pharmakologische Aktivitäten von Kava-Kava sind auch klinisch belegt. So wirkt es beruhigend, angstlösend, antidepressiv, krampflösend, lokalanästhetisch und muskelentspannend. Es zeigt aber auch neurophysiologische Aktivität, z.B. in einer Verbesserung des Schlafes. Von deutschen und westlichen Medizinern wird bzw. wurde Kava-Kava seit Jahren erfolgreich bei Angst-, Spannungs- und Unruhezuständen verschrieben.

Als erste Europäer berichten James Cook und Johann Georg Forster 1777 von der Droge und ihren Eigenschaften, seit 1820 wird sie therapeutisch genutzt, vornehmlich aber zunächst zur Therapie von Geschlechtskrankheiten. Heute ist die Droge ein wichtiges Phytotherapeutikum, das gern als Tranquilizer der Natur bezeichnet wird.

Auf Fidschi und mittlerweile auch in New York gibt es richtige Kava-Bars, in denen nach dem Feierabend ein mit Kava versetztes Getränk aus halben Kokosnüssen getrunken wird. Das Getränk hat eine beruhigende Wirkung. Dass man mit dem Pflanzenextrakt jedoch vorsichtig umgehen sollte, verrät schon der deutsche Begriff „Rauschpfeffer" und auch die Risikobewertung des Bundesinstituts für Arzneimittel und Medizinprodukte - das hat im Dezember 2019 nämlich die Zulassung für Medikamente widerrufen, die auf dieser Pflanze basieren.

Während Kava-Kava in den USA gerade ein absoluter Szene-Drink ist, hat Deutschland Ende 2019 alle Kava-Kava-Arzneimittel verboten. Kava-Kava darf demnach erst ab einer Verdünnung bzw. Potenzierung ab D4 als homöopathisches Arzneimittel verkauft werden. Zudem bietet sich Kava-Kava als spagyrisch zubereitete Essenz an.

Inhaltsstoffe

Die Wurzelstöcke der Kava-Pflanze enthalten Kavapyrone. Weitere Bestandteile sind Stärke, Rohfaser, Wasser, Zucker, Proteine und Mineralstoffe. Außerdem enthalten die Wurzeln Flavokavin A und B sowie geringe Mengen an Sitosterol, Stigmastendion und Cepharadion, sowie geringe Mengen ätherischer Öle, sowie einige organische Säuren (Oxon-nonansäure, Phenylessigsäure, Zimtsäure, p-Methoxyphenylessigsäure). Die sichtbaren Pflanzenteile (Blätter, Rinde) dagegen enthalten zusätzlich zu den Kavapyronen die Piperidin-Alkaloide Pipermethystin und Awain.

Als aktive Inhaltsstoffe gelten die Kavalactone (Kavapyrone), zu denen Kavain, Dihydrokavain, Methysticin, Dihydromethysticin und Yangonin gehören. Die früher verwendeten Extrakte wurden deshalb auf diese Inhaltsstoffe eingestellt. Daneben finden sich auch Flavonoide, Alkaloide und wenig ätherisches Öl.

Wirkungen

Die Kavapyrone (Kavain, Methysticin) aus Wurzeln und Rinde der Kava-Pflanze wirken anxiolytisch, mindern also Angst- und Spannungszustände. Auch hat Kava leichte analgetische (schmerzstillende) und antioxidante Wirkung. Der Genuss von Kava entspannt und mindert Unruhen, er führt zu leichter Euphorie und Gesprächigkeit. Kava löst Muskelverkrampfungen, man fühlt sich in der Regel entspannt, wohl und klar denkend. Auf den Konsum schläft man in der Regel erholsam, und es gibt keine Nachwirkungen am Folgetag.

Kava-Kava-Zubereitungen wirken:

- psychoaktiv
- angstlösend
- antidepressiv
- beruhigend
- relaxierend
- schlaffördernd
- krampflösend
- muskelentspannend
- neurovegetativ ausgleichend
- lokalanästhetisch und schmerzlindernd
- verbessernd auf Aufmerksamkeit und Gedächtnisleistung
- stärkend auf die nervliche Belastbarkeit
- wirken nervenschützend, neuroprotektiv
- stimmungsaufhellend und mutmachend

In Kava-Kava sind sogenannten Kavalactone enthalten. Diese beeinflussen bestimmte Botenstoff-Systeme im Gehirn und lösen entspannende und angstlösende sowie antidepressive Effekte aus.

Kava-Pyrone wirken sedierend mit Dämpfung zentralnervöser Strukturen, v.a. der limbischen Erregbarkeit. Vermutlich wird diese Wirkung durch die Interaktion mit GABA-Rezeptoren verursacht, die v.a. in Hirnarealen, die als Zentrum für Stimmungen und Gefühle, stattfindet. Es zeigt sich eine Abnahme der emotionalen Erregbarkeit und Aggressionslösung, eine Anxiolyse sowie eine Steigerung der Stimmungslage. Möglicherweise liegt auch eine antipsychotische Wirkung vor. Die zerebrale Informationsverarbeitung, v.a. Gedächtnisleistung und Aufmerksamkeit, werden trotz der sedierenden und anxiolytischen Wirkung, verbessert.

Die Wirksamkeit von Kava-Kava bei Patienten mit Angst-, Spannungs- und Aufregungszuständen oder Depressionen ist die am besten belegte Wirkung. Hierzu liegen mehrere klinische Studien vor. Allerdings muss das Präparat für eine längere Zeit eingenommen werden. Nach einer Woche werden die Beschwerden in der Regel besser, die maximale Wirkung tritt nach 4 Wochen ein.

Auch bei psychosomatischen und klimakterischen Beschwerden liegen positive Anwendungserfahrungen vor.

Von vielen Ärzten wurde Kava Kava als wirksame pflanzliche Alternative zu den synthetischen angstlösenden Mitteln, wie Benzodiazepinen, eingesetzt; gegenüber dem chemischen Mittel hat Kava Kava einen entscheidenden Vorteil: die Pflanze macht nicht abhängig, weder auf körperlicher, noch auf psychischer Ebene.

Auch alle Aspekte eines gesunden Schlafs wurden durch Kava-Kava unterstützt (zum Beispiel schnelleres Einschlafen, längerer Tiefschlaf, besseres Durchschlafen).

Kava-Kava wirkt leistungssteigernd und fördert die allgemeine Regenerations- und Adaptionsfähigkeit.

Piper methysticum ist ein wahres Wundermittel der Natur mit einer feinst abgestimmten Komposition arzneilich wirksamer Substanzen zur Anregung der Selbstheilungskräfte für körperliche, seelische und geistige Ausgeglichenheit und Harmonie.

„Alle Dinge sind Gift und
nichts ist ohne Gift,
allein die Dosis macht,
dass ein Ding kein Gift ist."

Paracelsus

Indikationen

- Nervöse Angst-, Spannungs- und Unruhezustände
- Reizüberflutung
- Dysstress-Syndrom
- Erregungszustände
- ADHS, Hyperaktivität
- Depressivität
- Krämpfe
- Muskelverspannungen
- Spannungskopfschmerzen
- Schmerzempfindlichkeit
- Schmerzen
- Nervenschwäche
- psychische Labilität
- psychosomatische Erkrankungen
- vegetative Störungen
- Schlafprobleme
- mangelnde Regenerationsfähigkeit
- Leistungsabfall
- Reizblase
- Enuresis nocturna, Bettnässen

Vegetativ und nervös bedingte Störungen

Vegetative Dystonie als Diagnose ist in klassischen medizinischen Standardwerken nur selten klar definiert. Es ist jedoch medizinisch unbestritten, dass emotionaler Stress, ständiger Zeitdruck sowie übermäßige körperliche Aktivität oder Anspannung auf Dauer zu einer Dysregulation des vegetativen Nervensystems führen kann. Der Sympathikus gewinnt die Überhand und entfaltet im ganzen Körper seine Aktivität. Es gibt fast kein Symptom, das auf diesem Weg nicht ausgelöst oder beeinflusst werden kann. Im Vordergrund stehen meist Angst, Unruhe und gesteigerte Erregbarkeit sowie Herzklopfen und Herzbeklemmung, Schwindelgefühl, Muskelverspannungen, Magendruck oder unklare, diffuse Beschwerden im Abdominalbereich. Das Einschlafen fällt den Betroffenen meist schwer, sodass sie sich in fortgeschrittenen Stadien häufig müde, antriebslos, niedergeschlagen und erschöpft fühlen.

Nervöse Erregung, Angst und innere Unruhe sind im Alltag normale Reaktionen auf bewegende Ereignisse. Sie können allerdings ein solches Ausmaß annehmen, dass sie einen Menschen beinahe lähmen und geistig blockieren, so dass er kaum mehr in der Lage ist, Entscheidungen zu treffen oder sich frei und ungezwungen zu bewegen. Die innere Erregung lenkt so ab, dass Menschen Mühe haben, sich auf ihre Arbeit oder andere Tätigkeiten zu konzentrieren, nicht einschlafen können oder Ohnmachtsgefühle entwickeln. Dauert dieser Zustand länger an, spricht man auch von nervöser Erschöpfung. Häufig kommen körperliche Krankheitssymptome hinzu, wie z.B. Schwindel und Übelkeit oder Beschwerden im Magen- und Darmbereich. Auch Kopfschmerzen, Schweißausbrüche, Mundtrockenheit und plötzliches Herzklopfen sind typische Reaktionen auf starke psychische Belastungen.

> ➢ Ein rechtzeitiges Gegensteuern mit einem Kava-Kava-Präparat kann die psychische Verfassung positiv beeinflussen und die häufigsten psychosomatischen Beschwerdekomplexe abdecken und dabei helfen, Spannungen, Ängste und posttraumatische Belastungen langfristig zu lindern.

Das vegetative Nervensystem

Über das vegetative Nervensystem werden zur Aufrechterhaltung des inneren Gleichgewichts, der Homöostase die lebenswichtigen Vitalfunktionen wie Herzschlag, Atmung, Verdauung und Stoffwechsel kontrolliert und gesteuert. Auch andere Organe oder Organsysteme werde vom vegetativen Nervensystem innerviert, so beispielsweise die Sexualorgane, Endokrine Drüsen (Hormone), Exokrine Drüsen , das Blutgefäßsystem (Blutdruck) oder die inneren Augenmuskeln.

Da sich das vegetative Nervensystem nicht bewusst steuern lässt, es verhält sich sozusagen autonom, wird es häufig auch als autonomes Nervensystem bezeichnet.

Man untergliedert das vegetative Nervensystem nach funktionellen und anatomischen Gesichtspunkten in:

- Sympathisches Nervensystem
- Parasympathisches Nervensystem
- Enterisches Nervensystem – das Nervensystem des Magen-Darm-Trakts, das ein vollkommen selbstständiges Regelsystem ist, jedoch durch Signale vom Sympathikus und Parasympathikus beeinflusst wird.

Das vegetative Nervensystem besteht aus zwei Anteilen: Sympathikus und Parasympathikus. Die sympathischen und die parasympathischen Anteile arbeiten in gegenseitiger Ergänzung, teils antagonistisch, teils synergistisch. Über den Sympathikus werden hauptsächlich leistungsfördernde und über den Parasympathikus hauptsächlich erholungsfördernde Signale gegeben.

Sympathikus und Parasympathikus

Yin und Yang symbolisiert das ewige Prinzip, auch in unserem Körper. Denn das vegetative Nervensystem besteht aus zwei Bereichen: dem Sympathikus (sympathisches Nervensystem) und dem Parasympathikus (parasympathisches Nervensystem). Sie wirken in entgegengesetzter Weise auf den Körper ein.

Der Ursprungsort beider Systeme liegt im Gehirn. Über unsere Nervenbahnen werden die Informationen dorthin gebracht, wo sie wirken sollen, nämlich zu den Organen. Erst durch das Zusammenspiel dieser Wirkmechanismen entsteht im Körper ein harmonischer Ausgleich.

Sympathikus und Parasympathikus sind Teil des vegetativen Nervensystems. Sie sind funktionell gesehen meist Gegenspieler. Während der Sympathikus den Organismus auf eine Aktivitätssteigerung einstellt, überwiegt der Parasympathikus in Ruhe- und Regenerationsphasen.

Der Parasympathikus und sein Gegenspieler, der Sympathikus, erzeugen das Gleichgewicht in unserem Inneren und koordinieren Funktionen wie Verdauung, Atmung, Durchblutung, Ausscheidung und Hormonsekretion. Das sympathische System bereitet den Körper auf eine körperliche oder intellektuelle Höchstleistung vor. Kommt es beispielsweise zu einer Stresssituation, koordiniert dieses die Flucht- oder Kampfreaktion. Das parasympathische System dagegen erlaubt die Erholung nach der Aktivität: die allgemeine Verlangsamung und Entspannung der Körperfunktionen.

Eingeweidenervensystem

Das Eingeweidenervensystem, enterisches Nervensystem, besteht aus einem Nervengeflecht, das sich zwischen den Muskeln in der Darmwand befindet. Diese Nervenfasern arbeiten prinzipiell unabhängig von anderen Nerven, werden aber stark vom Parasympathikus und Sympathikus beeinflusst.

Das enterische Nervensystem kümmert sich um die Verdauung. Es erhöht beispielsweise die Bewegung der Darmmuskulatur, sorgt dafür, dass in das Darmrohr mehr Flüssigkeit ausgeschieden wird, und erhöht die Durchblutung in der Darmwand.

Solarplexus – Sonnengeflecht

Das Sonnengeflecht, der Solar-Plexus, ist ein Nervengeflecht im Oberbauch das auch Bauchhirn genannt wird. Der Solar-Plexus, bestehend aus weißer und grauer Gehirnsubstanz, spielt eine wichtige Rolle in der Steuerung der Emotionen und verschiedener körperlicher Funktionen. Das Sonnengeflecht ist eines der vitalsten Teile des Körpers und ein Lebenszentrum das alle Bauchorgane und den ganzen Körper mit Energie versorgt. Das Sonnengeflecht, auch Solarplexus genannt, ist ein großes Nervengeflecht zwischen Brustbein und Nabel, das unsere gesamte Verdauung versorgt. Bei Stress und Anspannung reagiert der Solarplexus empfindlich, uns wird flau im Bauch, eventuell auch übel oder schwindlig, die Bauchmuskulatur wird angespannt.

> ➢ Kava-Kava wirkt vegetativ, neurovegetativ und psychovegetativ ausgleichend. Kava-Kava wirkt regulierend auf das Sympathikus-Parasympathikus-Verhältnis.

Stress

Stress bezeichnet zum einen durch spezifische äußere Reize (Stressoren) hervorgerufene psychische und physische Reaktionen, die zur Bewältigung besonderer Anforderungen befähigen, und zum anderen die dadurch entstehende körperliche und geistige Belastung. Stress kommt vor allem eine zentrale Bedeutung dafür zu, sich physisch und psychisch an sich verändernde Umweltbedingungen anzupassen. Das Auftreten von Stress bedarf einer sinnlichen Wahrnehmung des stressauslösenden Reizes sowie einer nervlichen Weiterleitung eines solchen Reizes an eine reizverarbeitende Region des Körpers. Begleiterscheinung auf biochemischer Ebene ist dabei meist die Ausschüttung von Stresshormonen und anderen Sekreten aus Drüsen. Bei Langzeitstress werden noch viele weitere Stresshormone ausgeschüttet. Neben den klassischen Stresshormonen spielen in der Stressreaktion auch körpereigene Neuropeptide eine große Rolle. Steht ein Mensch dauerhaft unter Stress, kann es aufgrund der körperlichen Reaktionen zu gesundheitlichen Schäden kommen

Unter Stress versteht man die Beanspruchung des Menschen durch innere und äußere Reize oder Belastungen. Diese können sowohl künstlich als auch natürlich sein, sowohl auf den Körper als auch die Psyche des Menschen einwirken und letztlich als positiv oder negativ empfunden werden oder sich auswirken.

Eustress - positiver Stress

Bei kurz andauernden Belastungen und kontrollierbaren Herausforderungen macht uns Stress handlungsfähig, damit wir die Situation bewältigen können. Er dient auch dazu, uns weiterzuentwickeln, da wir aus solchen Situationen für die Zukunft lernen können.

Dysstress - negativer Stress

Bei dauerhaften Belastungen und unkontrollierbaren Situationen wird Stress zum Gesundheitsrisiko. Oft können wir die freigesetzte Energie nicht mehr abbauen und fühlen uns leistungsschwach und erschöpft

Als positiver Stress bzw. Eustress werden diejenigen Stressoren bezeichnet, die den Organismus zwar beanspruchen, sich aber positiv auswirken. Positiver Stress erhöht die Aufmerksamkeit und fördert die maximale Leistungsfähigkeit des Körpers, ohne ihm zu schaden. Eustress tritt beispielsweise auf, wenn ein Mensch zu bestimmten Leistungen motiviert ist, dann Zeit und Möglichkeiten hat, sich darauf vorzubereiten oder auch wenn eine Krisensituation oder Krankheit dennoch positiv angegangen, bewältigt und überwunden werden kann. Im Resultat können sogar Glücksmomente empfunden werden. Eustress wirkt sich auch bei häufigem, längerfristigem Auftreten positiv auf die psychische oder physische Funktionsfähigkeit eines Organismus aus.

Stress wird erst dann negativ empfunden, wenn er häufig oder dauerhaft auftritt und körperlich und/oder psychisch nicht kompensiert werden kann und deshalb als unangenehm, sowie bedrohlich oder überfordernd gewertet wird. Insbesondere können negative Auswirkungen auftreten, wenn die individuelle Person keine Möglichkeit zur Bewältigung der Situation sieht oder hat. Unterschiedlichste Lebenssituationen können Stress bei einem Menschen hervorrufen. Entscheidend darüber, ob und in welchem Umfang diese Situation bei uns Stress auslöst, ist schließlich die subjektive Bewertung dieser Situationen. Stress ist daher individuell sehr unterschiedlich. Die Entscheidung darüber, ob wir ein Ereignis als unangenehm oder gar als Bedrohung wahrnehmen, hängt mit unseren persönlichen Erfahrungen und Eigenschaften sowie unserer Belastbarkeit, unseren Denkmustern und wahrgenommenen Bewältigungsstrategien zusammen. Kommen wir zu der Bewertung „bedrohlich" oder „unangenehm", und schätzen wir unsere Bewältigungsmöglichkeiten als zu gering ein, löst das Stress aus. Es werden dann Mechanismen in Gang gesetzt, die uns nun helfen sollen, den als bedrohlich wahrgenommenen Reiz zu bewältigen. Gelingt uns dies, finden wir wieder zu Ruhe und Stabilität. Tritt jedoch der Fall ein, dass wir keine Bewältigungsmöglichkeiten finden, kommt es zu Dauerstress.

Die Stressreaktion

Ereignisse setzen im zentralen Nervensystem, v.a. in Großhirnrinde und limbischem System, parallel zwei Reaktionsketten in Gang, die zusammen als Stressreaktion bezeichnet werden.

1. In der ersten wird der **Hypothalamus** aktiviert, der CRH (Corticotropin-Releasing-Hormon) auszuschütten beginnt. Dies veranlasst die **Hypophyse** zur Freisetzung von ACTH, das in der **Nebennierenrinde** die Ausschüttung von Glukokortikoiden (Cortisol) stimuliert.

2. In der zweiten Reaktionskette wird über den **Sympathikus** das **Nebennierenmark** aktiviert, was in Sekundenschnelle zur Ausschüttung eines Katecholamingemisches von etwa 80% Adrenalin und 20% Noradrenalin führt.

Kurzfristig dominiert die Wirkung der Katecholamine, das heißt, alle Organfunktionen, die sozusagen für das Überleben gebraucht werden, werden aktiviert:

- Herzschlagfrequenz und Herzkontraktionskraft nehmen zu.
- Die Durchblutung von Haut und inneren Organen reduzieren sich.

- Alle Organe die kurzfristig zur Bewältigung der Stresssituation benötigt werden, werden hierdurch besser durchblutet: dies sind Skelettmuskeln, der Herzmuskel und die Lunge.
- Auch die Bronchien weiten sich, damit für die Muskelarbeit mehr Sauerstoff bereitgestellt werden kann.
- Über die Leber wird vermehrt Glucose ins Blut freigesetzt.
- Denkvorgänge dagegen werden zugunsten der vorprogrammierten Reflexhandlungen Flucht und Angriff blockiert. Dieser Mechanismus erklärt z.b. das Phänomen des Prüfungsblocks, bei dem in einer angstauslösenden Prüfungssituation gelerntes Wissen plötzlich wie weggeblasen ist.

Die kurzfristige Stresswirkung mag zwar unangenehm sein, sie macht jedoch nicht krank. Gefährlich sind vielmehr Effekte der langfristig oder immer wieder einwirkenden Stressoren, also der Dauerstress.

Stressabwehrsystem

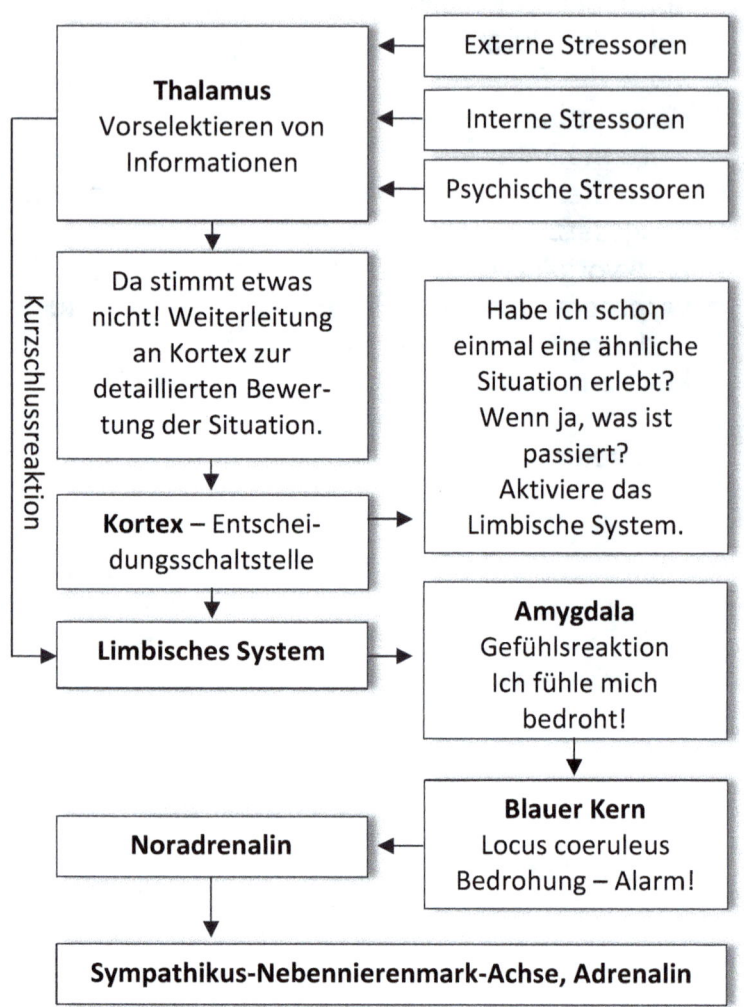

Thalamus
Vorselektieren von Informationen

Externe Stressoren

Interne Stressoren

Psychische Stressoren

Kurzschlussreaktion

Da stimmt etwas nicht! Weiterleitung an Kortex zur detaillierten Bewertung der Situation.

Habe ich schon einmal eine ähnliche Situation erlebt? Wenn ja, was ist passiert? Aktiviere das Limbische System.

Kortex – Entscheidungsschaltstelle

Limbisches System

Amygdala
Gefühlsreaktion
Ich fühle mich bedroht!

Noradrenalin

Blauer Kern
Locus coeruleus
Bedrohung – Alarm!

Sympathikus-Nebennierenmark-Achse, Adrenalin

Schaltzentrale Hypothalamus

Jedes Gefühl, jeder Gedanke hat eine andere Bio-chemie. Die Neurophysiologie bestätigt heute, dass Ideen, Gedanken und Gefühle im Gehirn, ganz ge-nau im Hypothalamus biochemische Substanzen produzieren, die diesem Gemützustand entspre-chen.

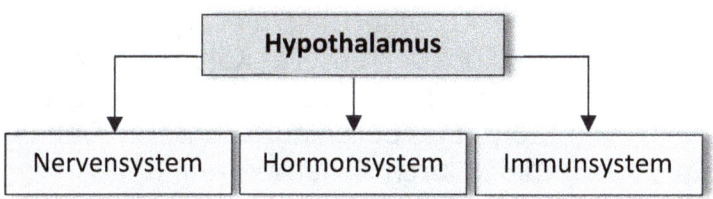

Der Hypothalamus verfügt über die beste Apotheke der Welt und kann aus unseren Ideen, Gedanken, Gefühlen und Stimmungen in Sekundenschnelle aus den Eiweißbausteinen der Aminosäuren Neuropep-tide, Neurohormone, sowie weitere Neurotrans-mitter herstellen welche über das Nervensystem und Blut auf den gesamten Organismus aber auch auf nur ganz bestimmte Bereiche des Körpers über-tragen werden.

Die von den Hormondrüsen ins Blut ausgeschütte-ten Hormonmengen sind minimal, und schon ge-ringfügige Konzentrationsänderungen können tief-greifende Folgen haben. Deshalb ist es verständ-lich, dass die Hormonsekretion exakt gesteuert werden muss. Dies geschieht durch Regelkreise. Als oberster Regler fungiert meist der Hypothalamus.

Dort laufen viele Informationen über die Außen-
welt und das innere Milieu zusammen. Außerdem
findet hier eine Verknüpfung mit dem vegetative
Nervensystem statt.

Für jedes Gefühlsmuster gibt es eine entsprechende Substanz die über den Hypothalamus und
der Hypophyse freigesetzt wird. Unsere Gedanken
und Gefühle haben damit einen entscheidenden
Einfluss auf die Ausschüttung dieser Botenstoffe
und steuern die Funktion unseres Körpers. Alle Nervenzellen stehen miteinander in Verbindung und
übertragen die Nervenbotenstoffe unserer Gedanken und Gefühle durch Synapsen auf Rezeptoren
anderer Nervenzellen. So bilden sich Neuronen-
netzwerke die bestimmten Denk- und Gefühlsmus-
tern entsprechen.

Dauerstress

Hier dominieren die Effekte der Glukokortikoide, weshalb diese als die eigentlichen Stresshormone gelten:

- Sie beeinflussen das Schlafverhalten negativ.
- Sie schwächen das Immunsystem, weshalb Infektionen häufiger auftreten und langsamer überwunden werden.
- Sie schwächen die Lern- und Konzentrationsfähigkeit.
- Spannungskopfschmerzen treten gehäuft auf.

Die Stressachse

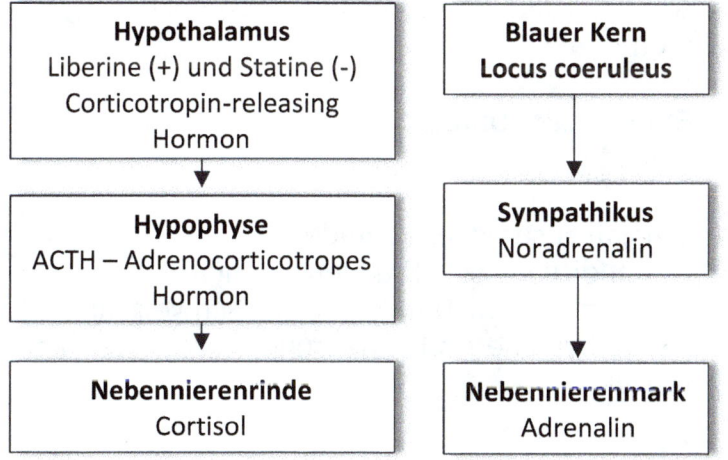

Dysstress-Syndrom

Immer wieder liest man im Zusammenhang mit Stressmanagement von Eustress und Dysstress, von negativem und positivem Stress. Aber ist nicht Stress grundsätzlich schädlich und nach Möglichkeit zu vermeiden? Nein! Denn es gibt tatsächlich Stress der Ihnen gut tut, der Sie anspornt und weiterbringt. Jedoch sind die Grenzen zwischen Eustress und Dysstress fließend.

Dysstress-Symptome:

- **Gedanklich:** Verwirrung, Konzentrationsprobleme, Entscheidungsprobleme, Gedächtnisprobleme usw.

- **Körperlich:** Schwitzen, Sprachstörungen, Atmungsprobleme, erhöhter Blutdruck, Herzrasen, Verdauungsstörungen, vegetative Dystonien usw.

- **Emotional:** Unterschiedliche Gefühle werden freigelegt.

- **Verhaltensbezogen:** Änderung vertrauter Gewohnheiten, Kontakte werden nicht mehr wahrgenommen, Distanziertheit, Schweigsamkeit, Körperhygiene und Ernährung werden vernachlässigt.

Weitere Symptome:

- Kopfschmerzen, Migräne
- Übermäßiges Essen, Auslassen von Mahlzeiten
- Magenverstimmung
- Durchfall, Verstopfung
- Erhöhter Konsum von Tabak, Alkohol oder Medikamenten
- Häufige Erkältung und allgemeine Infektanfälligkeit
- Mangelnde Rekonvaleszenz-Fähigkeit
- Mangel an Energie
- Angespanntheit
- Irritierbarkeit
- Ärger, Wut, Zorn, Frustration
- Gefühl der Machtlosigkeit
- Vergesslichkeit, Konzentrationsprobleme
- Unfähigkeit, Entscheidungen zu treffen
- Schlaflosigkeit, Einschlaf- und Durchschlafstörungen
- Gefühl der Hoffnungslosigkeit, Depressionen

Gesundheitsschädigende Auswirkungen:

- Ständige Erregung des Sympathikus: Herz-Kreislauf-Erkrankungen
- Erhöhter Zuckerspiegel: Leber- und andere Organerkrankungen
- Erhöhter Cholesterinspiegel: Gefäßablagerungen, Schlaganfallrisiko
- Verminderte Darmtätigkeit: Magen-Darmerkrankungen

- Erhöhter Muskeltonus: Verspannungen, Haltungs- und Gelenksschäden, Spannungskopfschmerz
- Chronische Belastung: Organismus ist in ständiger Widerstandsbereitschaft das führt zu Erschöpfung und Leistungsverlust
- Geschwächte Immunkompetenz: lange Belastung führt zur Abschwächung der Parameter
- Gesundheitliches Risikoverhalten: Teil der Stressreaktion die die Risiken verstärken

Wie reagiert die Psyche:

- Störungen in der Fähigkeit zur Gefühlsregulation
- Störungen der Selbstwahrnehmung
- Störungen in der gedanklichen Verarbeitung
- Störungen im Verhalten und in den sozialen Beziehungen
- Störungen der Reflexionsfähigkeit und der Mentalisierungsfähigkeit (Wie kann ich mich mit meinem Bewusstsein mit bestimmten Inhalten meines Erlebens auseinandersetzen?)
- Unter chronischem Stress können Menschen ihre Gefühle nicht mehr adäquat ausdrücken bzw. auf sie angemessen reagieren.

Stress und neurovegetative Dystonie

Vegetative Dystonie ist ein Sammelbegriff für eine Reihe unterschiedlicher Symptome, die mit einer Fehlfunktion des vegetativen Nervensystems zusammenhängen, also jener Nerven, die nicht willkürlich ansteuerbar sind. Eine vegetative Dystonie bedeutet wörtlich eine fehlregulierte Spannung, ein Dystonus des vegetativen Nervensystems. Die vegetative Dystonie betrifft das autonome oder auch vegetative Nervensystem. Dieses koordiniert viele wichtige Körperfunktionen, die sich willentlich kaum oder gar nicht beeinflussen lassen, etwa den Herzschlag, die Atmung oder die Verdauung. Zu den Beschwerden gehören Nervosität, Schlafstörungen, Krämpfe und Herz-Kreislauf-Probleme sowie Verdauungsbeschwerden.

Funktioniert das Zusammenspiel zwischen Sympathikus und Parasympathikus nicht richtig, werden die Symptome manchmal als vegetative Dystonie eingeordnet. Die Beschwerden richten sich danach, ob sich das Spannungsverhältnis zugunsten des Sympathikus oder des Parasympathikus verschoben hat. Menschen mit einer verstärkten Sympathikusaktivität – Sympathikotonie neigen demnach zu Nervosität, Herzrasen, erhöhtem Blutdruck und Durchfall. Ist dagegen der Parasympathikus dominant - Vagotonie, kann dies mit einem niedrigen Blutdruck, kalten Händen und Füßen, Antriebslosigkeit und Verstopfung einhergehen.

Leiden Patienten dauerhaft unter Symptomen, für die sich keine körperlichen Ursachen finden lassen, spricht man auch generell von somatoformen Störungen oder funktionellen Syndromen. Die vegetative Dystonie hat oft keine klar abgrenzbare Ursache. Nicht selten spielen mehrere körperliche, seelische und soziale Umstände eine Rolle. So ist es schwierig, einen konkreten Auslöser für die vegetative Dystonie zu finden. Kann eine rein körperliche Ursache für die jeweiligen Symptome nach allen notwendigen medizinischen Untersuchungen ausgeschlossen werden, muss man psychosomatische Ursachen in Betracht ziehen. Körper und Psyche stehen in einem ständigen Wechselspiel miteinander. Und so ist es nicht ungewöhnlich, dass schwere seelische Belastungen sich auch auf verschiedene Körperfunktionen niederschlagen. Dazu zählen zum Beispiel permanenter Stress, Trauer, Sorgen und Ängste. Beim Auftreten von seelischen Belastungen, Stress und Hektik, greift der gesunde Körper zunächst auf seine Leistungsreserven zurück. Sobald diese verbraucht sind, können leichtere oder schwer fassbare Unregelmäßigkeiten im unwillkürlichen Nervensystem auftreten, die funktionelle Beschwerden der Organe auslösen, aber ohne objektivierbaren organischen Befund. Häufig findet sich ein diffuses Ineinanderfließen von körperlichen Beschwerden und rein seelisch empfundenen Symptomen wie Angst, Unruhe, Unlust. Viele leiden zudem unter mehreren Störungen bzw. Beschwerden. Daher ist es schwer, eine vegetative Dystonie gegenüber anderen Erkrankungen abzugrenzen.

Stress der Immunräuber

Tatsächlich ist nicht Stress das Problem, sondern unser Umgang damit. Bei Angst- oder Stressgefühlen wird unser sympathisches Nervensystem aktiv. Dieser Mechanismus ist klug, hilft er doch, uns schnell vor Gefahren in Sicherheit zu bringen. Nimmt der Stress und die Stressreaktion allerdings kein Ende bleiben wir dauerwachsam und erregt, worauf unser Körper mit der Ausschüttung von Stresshormonen reagiert. Die Aufgabe ist es dann, diejenigen Funktionen zu drosseln, die der Körper nicht braucht, um vor einer akuten Bedrohung zu fliehen.

Auch das Immunsystem wird heruntergefahren, um Energie zu sparen. Vorübergehend ist dies unproblematisch, hält dieser Zustand aber an, kann es zu einer erhöhten Infektanfälligkeit führen. Dauerstress und Angst sind bekanntermaßen zwei schlimme Immunräuber. Stress, Grübeln, Sorgen und Ängste wirken wie ein Brandbeschleuniger auf negative Gefühle und irgendwann lässt sich das Gedankenkarussell nicht mehr anhalten.

Die Grübelfalle zählt zusammen mit Dauerstress und Angst zu den größten Immunräubern, denn sie sorgen für eine vermehrte Ausschüttung von Stresshormonen, die das Immunsystem drosseln.

Neurasthenie

Eine Neurasthenie bezeichnet eine Nervenschwäche, die sich durch leichte Reizbarkeit und schnelle Ermüdung bemerkbar macht. In der modernen Medizin wird das Krankheitsbild meist mit dem Burn-Out Syndrom, einer Erschöpfungsdepression oder dem chronischen Erschöpfungssyndrom gleichgesetzt.

Häufig tritt die Nervenschwäche nach einer großen psychischen Belastung oder einer körperlichen Erkrankung so wie bei übermäßigen Stress auf, aber auch eine permanente Unterforderung kann eine Überreizung der Nerven hervorrufen. Bei Menschen, die sich dem Leistungsdruck und der Erwartungshaltung der Gesellschaft besonders anpassen, hat die Neurasthenie eine gute Chance, sich zu manifestieren und zu einer dauerhaften Belastung zu werden.

Eine sogenannte „Reizbare Schwäche" wurde in früheren Zeiten immer dann diagnostiziert, wenn man für Symptome wie Gereiztheit und übermäßige Erschöpfung keinen organischen Auslöser finden konnte. Eine Neurasthenie kann eine Reihe von Beschwerden auslösen. Im Vordergrund stehen meist chronische Müdigkeit, leichte Reizbarkeit und schnelle Erschöpfung bereits nach geringen Anstrengungen. Dazu kommen häufig Angstgefühle, Konzentrationsstörungen, grundlose Traurigkeit und sexuelle Unlust. Charakteristisch ist auch, dass Ruhepausen und Entspannungsphasen keine anhaltende Erholung bringen und trotz großem Schlafbedürfnis nicht selten Ein- oder Durchschlafstörungen auftreten. Oft findet eine überlastete Seele in körperlichen Symptomen Ausdruck.

> ➤ Kava-Kava wirkt nervenstärkend, neuroprotektiv und fördert die nervliche Anpassungsfähigkeit und Resilienz.

ADHS

ADHS steht für Aufmerksamkeits-Defizit-Hyperaktivitäts-Störung. Unaufmerksamkeit, Hyperaktivität und Impulsivität sind die Hauptmerkmale. Wird die Störung nicht behandelt, beeinträchtigt sie die schulische und berufliche Leistungsfähigkeit und die sozialen Kontakte. ADHS gehört zu den häufigsten psychischen Störungen in der Kindheit. In vielen Fällen bleibt sie lebenslang bestehen.

Hauptsymptome:
Unaufmerksamkeit, Hyperaktivität und Impulsivität. Bei manchen auch Verträumtheit.

- **Hyperaktivität:** motorische Unruhe, ständiges, zielloses Bewegungsbedürfnis.

- **Aufmerksamkeitsstörung:** geringe Konzentration und Ausdauer mit verkürzter Konzentrationsspanne: sie schaffen es nicht einen der tausend Gedanken in ihrem Kopf zu Ende zu denken.

- **Leichte Ablenkbarkeit:** Sie schaffen es nicht auch nur einfache Tätigkeiten auszuführen ohne gleichzeitig eine Vielzahl anderer Sachen anzufangen.

- **Impulsivität:** Neigung zu impulsivem Verhalten. Sie handeln immer erst und denken dann ... eventuell!

Die einzelnen Symptome können jedoch unterschiedlich stark ausgeprägt sein und müssen nicht immer alle gleichzeitig auftreten. So vielfältig wie die Ausprägungen der Aufmerksamkeitsdefizit-Hyperaktivitätsstörung, so bunt sind auch die Bezeichnungen dafür (ADHS – Aufmerksamkeits-Defizit-Hyperaktivitäts-Syndrom, ADS – Aufmerksamkeits-Defizit-Syndrom, HKS – Hyperkinetisches-Syndrom).

Mögliche Folgen: Lern- oder berufliche Schwierigkeiten, Verhaltensstörungen, Probleme im Umgang mit Anderen.

ADHS – Probleme im Alltag:

- Einschlafschwierigkeiten
- Testet permanent die Grenzen aus
- Lernstörungen und Schulschwierigkeiten
- Geringe Frustrationstoleranz
- Mangelnde Ausdauer und Vermeidungsverhalten
- Schlägt leicht über die Strenge, aufgedreht
- Soziale Beziehungsstörungen
- Aggressivität
- Angeberei, kaspern, ständig stören
- Überempfindlichkeit
- Entwicklungsverzögerung

Jede Sekunde gelangen unzählige Informationen in unser Gehirn, doch nur einige davon werden uns bewusst. Ein Filter schützt vor Reizüberflutungen und hilft, Wichtiges von Unwichtigem zu unterscheiden. Bei ADHS/ADS-Kindern filtert das Gehirn unwichtige Informationen nur unzureichend heraus. Das Gehirn von ADHS-Betroffenen ist dann mit zu vielen unterschiedlichen Reizen gleichzeitig konfrontiert und überfordert. Daher können sie sich nur schwer konzentrieren. Die ungefilterte Informationsflut macht sie unruhig und angespannt. Zeigt der Lehrer etwas an der Tafel, wird das Kind bereits durch die Geräusche seiner Mitschüler abgelenkt. Kinder mit ADS ohne Hyperaktivität verhalten sich zwar eher ruhig, haben aber ebensolche Schwierigkeiten aufmerksam zu sein wie der klassische „Zappelphilipp".

Wissenschaftler vermuten vor allem Fehlfunktionen im Gehirn als Ursache von ADHS. Bestimmte Regionen sind zu wenig aktiv – sie liegen in einer Art Dornröschenschlaf. Dazu gehören die Frontallappen sowie bestimmte Areale von Stammganglien und Kleinhirn. Diese Gehirnabschnitte sind für Aufmerksamkeit, Ausführung und Planung, Konzentration und Wahrnehmung verantwortlich. In ihnen ist die Konzentration spezieller Botenstoffe zu gering, die zur Kommunikation der Nervenzellen nötig sind. Dazu gehören Serotonin, das die Impulskontrolle regelt, sowie Noradrenalin und Dopamin, die wichtig für Aufmerksamkeit, Antrieb und Motivation sind.

Die Störung wurde früher als reines Verhaltens-problem gesehen, während sie heute zunehmend als komplexe Entwicklungsverzögerung des Selbst-management-Systems im Gehirn verstanden wird. ADHS kann dabei auch als ein Extremverhal-ten aufgefasst werden, das einen fließenden Über-gang zur Normalität zeigt.

ADHS liegt (nur) vor, wenn:

1. unaufmerksames und impulsives Verhalten mit oder ohne deutliche Hyperaktivität ausgeprägt ist
2. nicht dem Alter und Entwicklungsstand ent-spricht und
3. zu deutlicher Beeinträchtigung in verschiedenen sozialen Bezugssystemen und im Leistungsbe-reich von Schule und Beruf führt.

Leitlinie der Arbeitsgemeinschaft ADHS der Kinder- und Jugendärzte e.V.

ADHS ist zwar, je nach Ausprägung, eine deutliche Lebenserschwernis im Alltag, aber die betroffenen Menschen haben oft einen ausgesprochen gutmüti-gen, liebenswerten Charakter und meinen es meist gut. Die Gefahr ist nur, dass durch die sozialen Fol-gen und Reaktion der Mitmenschen, sich zusätzlich noch weitere psychische Störungen einstellen.

ADHS ist dann behandlungsbedürftig, wenn die Ausprägung der Symptome zu einer deutlichen Beeinträchtigung im Leistungsbereich und Sozialbereich führen. Auch wenn der Betroffene darunter leidet oder gar weitere psychische Störungen (Suchtgefahr, Depressionen, Aggressivität) die Folge sein könnten.

> Kava-Kava wirkt beruhigend und entspannend und mindert Unruhezustände. Kava-Kava wirkt nervenstärkend und fördert die nervliche Anpassungsfähigkeit und Resilienz, man fühlt sich wohl und klar denkend. Es zeigt sich eine Abnahme der emotionalen Erregbarkeit und Aggressionslösung, sowie eine Steigerung der Stimmungslage. Möglicherweise liegt auch eine antipsychotische Wirkung vor. Die zerebrale Informationsverarbeitung, v.a. Gedächtnisleistung und Aufmerksamkeit, werden trotz der sedierenden und anxiolytischen Wirkung, verbessert.

Für Kinder und Jugendliche empfiehlt sich die Einnahme eines Komplexmittels mit Kava-Kava als Globuli, z.B.

- **Metakaveron® Streukügelchen META Fackler**

Auch die spagyrische Essenz von Kava-Kava wird sehr erfolgreich bei Kindern und Jugendlichen eingesetzt, z.B.

- **Spagyrische Essenz von Phylak®**
  55 Piper methysticum – Kava-Kava

Die Polaritäten der Natur

Alles ist zweifach, alles hat zwei Pole, alles hat sein Gegenstück, ähnlich und unähnlich sind dasselbe, Gegensätze sind wesensgleich und nur graduell verschieden. Extreme berühren sich, alle Wahrheiten sind nur Halbwahrheiten, alle Widersprüche lassen sich in Einklang bringen.

Yin und Yang
Gleichgewicht der Kräfte

Die klassische chinesische Philosophie - Taoismus, bezeichnet das Phänomen der Polaritäten als Yin und Yang. Diese Theorie besteht seit Jahrtausenden und besagt, dass jedes Objekt und jedes Phänomen im Universum aus zwei entgegengesetzten Aspekten besteht. Diese Polaritäten sind keine Gegensätze, sondern stehen in engem Austausch und sind somit zwei Aspekte eines Ganzen. Je mehr die beiden Pole differenziert werden, desto deutlicher tritt ihr Antagonismus hervor und damit die Spannung, die zum Ausgleich drängt. Die chinesische Philosophie betont nicht das Trennende, sondern versucht stets die beiden Pole zu harmonisieren.

Yin und Yang und die 4 Jahreszeiten sind der Anfang und das Ende eines jeden Dinges, sie sind die Wurzel von Leben und Tod. Wer gegen das Prinzip von Yin und Yang lebt wird sein Leben zerstören, wer mit ihm lebt wird in Harmonie leben.

Das in der deutschen Übersetzung mit „Weg" übersetzte Tao bildet nach Lao-tse den Urgrund unseres Kosmos. Es befindet sich jenseits von Raum und Zeit, ist eigenschaftslos, unbegreiflich, nicht fassbar, ja nicht einmal benennbar. Dieses Eine erschuf ein polares Kräftepaar, das allen Erscheinungen zugrunde liegt. Das gesamte Universum basiert auf dieser Polarität, nichts kann entstehen, ohne diese beiden polaren Kräfte, Yin und Yang, in sich zu tragen. Selbst das Yang trägt einen Anteil Yin in sich, das Yin einen Anteil Yang. Im Yin, symbolisiert durch die schwarze Farbe, befindet sich ein weißer Punkt, symbolisch für das Yang. Umgekehrt enthält der weiße Bereich des Yang einen schwarzen Punkt. Aus dieser polaren Zweiheit entstand nach weiterer Aufspaltung in eine Dreiheit die gesamte Schöpfung. Diese trägt die polaren Kräfte in sich. Ein ausgewogener Anteil beider Teilkräfte, versinnbildlicht durch die symbolische Darstellung des Tao als Monade, ist die Grundlage jeglicher Harmonie.

➤ Kava-Kava wirkt ausgleichend und harmonisierend auf das Yin- und Yang-Verhältnis.

Die Zellerneuerung

Während unseres ganzen Lebens sind wir einem konstanten Umbauprozess unterworfen, in dessen Verlauf sich Größe und Gewicht unseres Körpers wandelt. Diese Wachstumsprozesse werden durch Teilung, Differenzierung und Weiterentwicklung von Zellen verursacht. Auch die Zellerneuerung zählt zu diesen Mechanismen.

Als physiologische Zellregeneration bezeichnet man das Ersetzen abgestorbener biologischer Zellen durch neue. Das Verhältnis von neu entstehenden Zellen zu untergehenden Zellen variiert im Organismus im Laufe der Zeit. Die Erneuerungsrate liegt zwischen zwei Tagen bei Dünndarmzellen und acht Jahren bei Fettzellen. Bei jungen Menschen dominiert die Entstehung neuer Zellen gegenüber dem Abbau alter Zellen. Die Folge sind Wachstum sowie Differenzierung von neuen Organ- und Gewebesystemen. Bei älteren Menschen verlagert sich das Verhältnis zu einer feinjustierten Balance zwischen neu entstandenen und sterbenden Zellen. Generell gilt, dass die Regenerationsfähigkeit des Körpers desto höher ist, je jünger der Organismus ist. Obwohl das Alter den Körper zeichnet, die Haut erschlafft, die Haare ergrauen oder gar ausfallen, ist der größte Teil unseres Körpers viele Jahre jünger als wir selbst. Das Durchschnittsalter sämtlicher Zellen eines Erwachsenen dürfte bei sieben bis zehn Jahre liegen.

Regeneration

Der Mensch ist ein wahres Regenerationswunder. Unsere Zellen erneuern sich Tag für Tag. Insgesamt werden im menschlichen Körper zwischen 10 und 50 Millionen Körperzellen pro Sekunde durch neue ersetzt. Natürlich werden nicht alle Zellen gleich schnell und gleich häufig ausgetauscht. Unser Lebensstil, unsere Lebensbedingungen und auch Krankheiten können diese Zellerneuerung verzögern oder verändern. Tatsächlich regeneriert und repariert sich der menschliche Körper permanent selbst. Täglich beseitigen Enzyme Defekte in der Erbsubstanz. Immer wieder werden Zellen erneuert, allein in der Haut etwa eine Milliarde pro Tag und die innere Schicht des Dünndarms erneuert sich alle drei Tage vollständig. Verletzen wir uns, mobilisiert der Körper zusätzliche Selbstheilungskräfte. Er schließt Wunden, heilt die Haut oder lässt Knochen zusammenwachsen. Die meisten Krankheiten überwindet der Körper selbst. Viel muss ein Arzt also gar nicht mehr tun, der Körper regelt alles selbst! Oft ist es sogar besser, wenn der Arzt nichts unternimmt und das frühe Eingreifen des Arztes kann sogar schädlich sein.

Natürlich ist abwarten nicht immer die richtige Taktik. Manchmal muss es sogar ganz schnell gehen mit der ärztlichen Hilfe. Denn es gibt Krankheiten, die ohne die moderne Medizin einen fatalen Verlauf nehmen würden. Nicht immer kommt der Körper damit zurecht, wenn etwas falsch läuft. Plötzliche, heftige Schmerzen in der Brust, die in den linken Arm ausstrahlen, sind ein dringender Grund den Notarzt anzurufen, deuten sie doch stark auf einen Herzinfarkt. Und der muss konsequent und vor allem rasch behandelt werden. Zum einen, damit der Patient überhaupt überlebt, zum anderen auch, um die übliche Reaktion des Körpers und damit Spätfolgen zu verhindern.

Das nämlich ist die Kehrseite des immerzu aufmerksamen Reparatur- und Abwehrsystems des Körpers, manchmal tut es zu viel oder auch das Falsche. Eigentlich leichte Aufgaben z.B. neue Muskelzellen bei einem Herzinfarkt zu generieren, sind unlösbar, harmlose Eindringlinge z.B. Pollen bei einer Allergie, werden genauso zu ärgsten Feinden erklärt wie körpereigene Strukturen z.B. Gelenke bei Rheuma. Es ist also nicht einfach für den Körper, das rechte Maß zu finden. Mit den meisten Situationen kommt er zwar zurecht, doch bei manchen braucht er Hilfe, mal mehr, meist weniger.

Der Köper ist ein komplexes Wunderwerk der Natur. Ausgestattet mit hocheffektiven Regenerationsmechanismen sorgt er regelmäßig dafür, dass Gewebestrukturen erneuert und Vitalstoffreserven nachgefüllt werden. Dieser Prozess findet unbemerkt statt. In jungen Jahren läuft er auf Hochtouren, mit zunehmendem Alter nimmt die Intensität ab. Zusätzlich können Lebensstil und Krankheiten die körpereigene Regeneration und Vitalstoffversorgung beeinflussen. Stellt man sich den Körper als Glas vor, ist es in jungen Jahren vollgefüllt mit Vitaminen, Spurenelementen, Mineralien, Elektrolyten, Enzymen, Hormonen und anderen wichtigen Bausteinen, die für Jugendlichkeit, Gesundheit und Energie verantwortlich sind. Bereits mit Anfang 30 nimmt die Produktion dieser Bausteine stetig ab. Betrachtet man dasselbe Glas, ist es plötzlich nur noch halb gefüllt. Das Alter wird spürbar und optisch sichtbar. Beschwerden und Krankheiten entstehen und reduzieren die Lebensqualität und Vitalität.

Energie, Vitalität und ein strahlendes Aussehen scheinen Privilegien der Jugend zu sein. Denn wenn der Zenit der Jugend mit 30 Jahren überschritten ist, gehören körperliche Beschwerden und optische Alterserscheinungen immer öfter zur Lebensrealität. Zunächst langsam, später immer schneller verändert sich der Körper unaufhaltsam. Dieser Prozess kann zwar nicht aufgehalten, mit bestimmten Methoden aber zumindest spürbar verlangsamt werden. Eine Kur zur Zellerneuerung aktiviert verloren geglaubte Mechanismen zur körpereigenen Regeneration und gibt dem Körper neue Energie und Vitalität.

Eine der wichtigsten Voraussetzungen für die Regeneration von Körper, Geist und Seele und die Aktivierung der Selbstheilungskräfte ist ein gesunder, erholsamer Schlaf.

Der Schlaf

Der Schlaf ist ein grundlegendes biologisches Bedürfnis. Es handelt sich dabei um einen nervalen Vorgang, der in regelmäßigen Intervallen, die genetisch bedingt sind, das Gehirn erfasst. Während des Schlafs wird die Aufnahme sensorischer Reize, also die Verbindungen des Gehirns mit der Umwelt, auf ein absolutes Minimum reduziert. Das Gehirn arbeitet also autonom, eine Tatsache, die sich in Traumerlebnissen äußert. Wie viele andere vitale Funktionen folgt auch der Schlaf einem Rhythmus, der von Hormonen und chemischen Botenstoffen, die ihrerseits dem Wechsel von Tag und Nacht, also von Hell und Dunkel, unterliegen, gesteuert wird. Bei eintretender Dunkelheit nimmt die Synthese von Melatonin zu, wodurch die Zentren des Hypothalamus, die für die zirkadiane Steuerung der homöostatischen Funktionen zuständig sind, angeregt werden.

Wirkungen des Schlafs

- **psychisch:**

  Erlebnisse der Wachphasen werden in Träumen verarbeitet, eingeordnet, unwichtige Informationen gelöscht.

- **regenerativ:**

  Organe können sich erholen und regenerieren.

- **kalibrativ:**

  Rhythmen der Körpersysteme, die bei Tag durcheinander geraten, werden auf Ausgangswerte (quasi auf null) zurückgestellt.

- **adaptiv:**

  Schlaf dient nicht primär der Erholung, sondern ist ein genetisches Programm zur Erhaltung des ökologischen Gleichgewichts. So ruhen Raubkatzen nicht 17 Stunden am Tag, weil ihr Organismus das braucht, sondern um ihren Beutetieren genügend Erholungszeit zu gönnen.

Wir brauchen Schlaf, er hält uns gesund. Ist er zu kurz oder nicht erholsam, fühlen wir uns am nächsten Tag müde, gereizt, sind unaufmerksam. Kommt das häufig vor, sinkt die Lebensqualität. Schlechter Schlaf kann zudem ein Anzeichen einer Erkrankung sein. Umgekehrt begünstigt chronischer Schlafmangel verschiedenste Erkrankungen.

Erholsamer Schlaf ist ein elementarer Bestandteil einer guten Gesundheit. Nur wenn wir uns nachts ausreichend regenerieren, können wir dem neuen Tag mit Kraft begegnen. Im Schlaf holen sich Körper und Geist das zurück, was ihnen tagsüber abverlangt wurde – Energie und Leistungsfähigkeit.

Voraussetzungen für einen erholsamen Schlaf:

- ein entspannter und schmerzfreier Körper
- eine geringe Gehirnaktivität
- ein passives vegetatives Nervensystem
- schwere Verdauung, Geräusche, Stress, Schwitzen, Frieren usw. vermeiden
- emotionales Gleichgewicht
- Störfelder wie Elektrosmog, Erdstrahlen, Wasseradern usw. vermeiden
- ein Schlafsystem, das eine gute Lagerung und gutes Mikroklima ermöglicht

Erst wenn diese Voraussetzungen gegeben sind, kann die Epiphyse (Zirbeldrüse) die Produktion von Melatonin und Vasotocin (Schlafhormon) anregen. Diese Hormone wiederum sind Voraussetzung für das Erreichen der Tiefschlafphasen. Nur in den Tiefschlafphasen kann das Wachstumshormon Somatropin in der Hypophyse erzeugt werden, das die aufbauenden und regenerierenden Prozesse einleitet. Körperliche und psychische Leistungsfähigkeit, Lebensfreude und Wohlbefinden sind die natürliche Folge. Auch die Immunabwehr wird gestärkt.

Leben ist Rhythmus, im Rhythmus liegt die Kraft, Leben im Einklang

Ein liebendes Herz, ein entspannter Geist und das elektromagnetische Schwingungssystem der Erde liegen auf einer Wellenlänge. Jede unserer Zellen ist ein Klangmandala, eine einzigartige Klangsignatur des Urmandalas. Wir sind eine Klangmodulation. Musik löst daher unmittelbar Resonanzen in Körper, Geist und Seele aus. Die Sprache der Schöpfung. Unser Planet pulsiert achtmal in der Sekunde (8 Hertz, die Schumann-Resonanz). 8 Hertz ist auch der Rhythmus der Alphawellen des Gehirns, auf den unsere parallel operierenden Prozessoren, die beiden Hälften des Gehirns, synchronisiert werden, um sich gleichmäßig zusammen zu drehen.

> ➤ Kava-Kava fördert alle Aspekte eines gesunden Schlafs, zum Beispiel schnelleres Einschlafen, längerer Tiefschlaf, besseres Durchschlafen. Kava-Kava fördert den gesunden Biorhythmus und wirkt allgemein ausgleichend und harmonisierend auf Körper, Geist und Seele.

Resilienz – Widerstandsfähigkeit

Manche Menschen zerbrechen an Krisen, andere überstehen selbst widrigste Situationen unbeschadet. Sie sehen Unsicherheiten und Veränderungen als willkommene Herausforderung, stecken Rückschläge weg und erkennen für sich darin sogar Chancen. Diesen elastischen Umgang mit Veränderungen und Herausforderungen nennt man Resilienz.

Resilienz ist die Fähigkeit eines Systems, mit Veränderungen umgehen zu können. Resilienz ist die Fähigkeit, sich angesichts andauernder Belastungen, Traumata, Tragödien oder andauerndem Stress anzupassen und sich wieder zu erholen. Resilienz bedeutet körperliche und psychische Widerstandskraft. Resilienz ist die Fähigkeit, trotz widriger Umstände, Rückschläge leichter zu überwinden. Resilienz ist die Fähigkeit, trotz schwieriger Kindheit ein glücklicher Erwachsener zu werden.

Mit Resilienz wird also die innere Stärke eines Menschen bezeichnet, Konflikte, Misserfolge, Niederlagen und Lebenskrisen wie schwere Erkrankungen, eine Entlassung, den Verlust eines nahe stehenden Menschen durch Tod oder Trennung, Unfälle, Schicksalsschläge, berufliche Fehlschläge oder eine traumatische Erfahrung zu meistern. Resilienz ist eine Art seelische Widerstandsfähigkeit oder Unverwüstlichkeit, gewissermaßen das Immunsystem der Seele. Ein anschauliches Beispiel für Resilienz im engeren Sinn ist die Fähigkeit eines Stehaufmännchens, denn es kann sich aus jeder beliebigen Lage wieder aufrichten. Resilienz ist nicht angeboren, sondern im Laufe der Entwicklung erlernt. Die Grundhaltung einer Person mit hoher Resilienz lautet: „Was auch immer auf mich zukommt, ich kann damit umgehen und werde eine Lösung finden. Ich kann etwas tun, um die Krise, das Problem, die Niederlage oder den Fehlschlag zu bewältigen." Ein eng verwandter Begriff ist Adaptionsfähigkeit und Selbstregulation.

➢ Kava-Kava fördert die allgemeine Adaptionsfähigkeit und Resilienz und wirkt anregend auf die Selbstregulationskräfte.

Ängste und Angststörungen

Jeder Mensch hat Ängste, und das ist auch gut so. Denn sie sind für uns überlebenswichtig, weil wir dank unserer Angst Gefahren erkennen und uns davor schützen. Das Gefühl der Angst ist eine normale Reaktion auf Gefahr. Sie soll Menschen helfen, die Ursache der Gefahr auszuschalten oder ihr zu entkommen. Angst ist für sich genommen keine Krankheit, sondern eine natürliche Reaktion auf äußere Umstände. Angst kann aber auch krankhafte Ausmaße annehmen, wenn sie unbegründet, übertrieben oder sehr intensiv ist. Als Begleitsymptom kann Angst bei unterschiedlichen körperlichen oder psychiatrischen Erkrankungen auftreten. Davon lassen sich die sogenannten „Angststörungen" abgrenzen, darunter versteht man unterschiedliche Erkrankungen, bei denen als gemeinsames Hauptsymptom Ängste und körperliche Zeichen der Angst im Vordergrund stehen. Bei Angststörungen sind die Angstgefühle sehr ausgeprägt und überschreiten ein normales Maß, wodurch die Lebensqualität und der Alltag der Betroffenen stark beeinträchtigt werden.

Bei Ängsten handelt es sich zum Teil um unser evolutionäres Erbe. Spezifische Phobien, wie die vor Schlangen oder Spinnen, waren ursprünglich überlebenswichtig, weil sie uns vor Gefahren warnten. Die körperlichen Reaktionen senden entsprechende Signale an unser Gehirn aus, die uns hoch-aufmerksam machen und uns auf Flucht oder Kampf vorbereiten.

Häufig treten Ängste in Folge von negativen Erlebnissen, von Stress, Überforderung oder Lebenskrisen wie Trennung oder der Tod eines nahestehenden Menschen auf. Die Gründe, warum Angststörungen entstehen, sind vielschichtig. Vergangene oder aktuell belastende Lebensereignisse, ungünstige Erziehungsstile, soziale Belastungen sowie biologische und erbliche Faktoren werden als Ursache angesehen. Auch weitere vorliegende seelische oder körperliche Erkrankungen können das Auftreten einer Angststörung begünstigen.

Eine unbehandelte Angststörung kann sich immer mehr verselbstständigen. Es kommt zur „Angst vor der Angst" (Erwartungsangst), und Angst auslösende Orte und Situationen werden vermieden. Als Folge ziehen sich die Betroffenen immer mehr aus dem Leben zurück. Neben den Ängsten und den damit einhergehenden körperlichen Symptomen leiden sie unter einem mangelnden Vertrauen in die eigene Stärke und unter dem Gefühl des Ausgeliefertseins.

> In Kava-Kava sind sogenannten Kavalactone enthalten. Diese beeinflussen bestimmte Botenstoff-Systeme im Gehirn und lösen entspannende und angstlösende (anxiolytische) Effekte aus.

Spagyrische Essenz
von Kava-Kava

Eine besondere Veredelung erfährt Kava-Kava bei der Herstellung zu einer spagyrischen Essenz. Aufgrund des besonderen Herstellungsverfahrens verfügt die spagyrische Urtinktur von Kava-Kava über ein enormes energetisches Potential an spezifischer Heilkraft.

Wenn möglich wird wildwachsendes und in der natürlichen Pflanzengemeinschaft vorkommendes Kava-Kava verwendet. Dieses wird im Labor geprüft und zerkleinert.

1. Das schonende und vollständige Aufschließen geschieht mittels Hefegärung. Die Wirkstoffe werden befreit, giftige Wirkstoffe in ungiftige Informationsträger verwandelt.

2. Mit der Wasserdampfdestillation werden die in der Gärung gelösten und verwandelten Wirkstoffe durch Verdampfung und anschließende Kondensation zur spagyrischen Uressenz.

3. Die zurückbleibenden Pflanzenreste enthalten noch viele wertvolle Mineralstoffe und Spurenelemente. Mit der Veraschung und Calcination werden auch diese Stoffe gewonnen.

4. Das Auflösen der Asche in der spagyrischen Uressenz bildet die Vereinigung, die chymische

oder spagyrische Hochzeit und zugleich den Abschluss eines sehr aufwendigen Herstellungsverfahrens.

In der Spagyrik beginnt man mit der Befreiung des Geistes, dann der Seele und danach des Körpers, um im Anschluss den Körper wieder mit Seele und Geist zu versehen, d.h. sie ermöglicht dem Menschen, sich gemäß dem Prinzip der Involution und Evolution zu verwirklichen.

Die Spurenelemente aus der Veraschung nähren den Körper, die ätherischen Öle aus der Destillation nähren die Seele und der Alkohol aus der Gärung nährt den Geist.

Verfahren	Endprodukt	Ebene
Gärung	Alkohol	Geist
Destillation	Ätherisches Öl	Seele
Calcination	Mineralsalze	Körper

Durch Einnahme der spagyrischen Essenz wird der Mensch auf allen Seinsebenen angesprochen:

„Körper, Seele und Geist der Heilpflanze
für Körper, Seele und Geist des Menschen."

Spagyrische Essenz von PHYLAK®
55 Piper methysticum – Kava-Kava

Um die Wirkung der spagyrischen Essenz von Kava-Kava auf der körperlichen Ebene zu betonen empfiehlt sich die Einnahme einer hohen Dosis 3-mal täglich 15-20 Tropfen. Die mittlere Dosis von 3-mal täglich 7-8 Tropfen berührt mehr die seelische Ebene und eine niedrige Dosierung von 3-mal täglich 3-4 Tropfen spricht hauptsächlich die geistige Ebene an.

Zum Beispiel:

- **Körperliche Dosierung**
Vegetative Dystonie: Spagyrische Essenz 55 Piper methysticum – Kava-Kava, 50 ml, 3-mal täglich 20 Tropfen.

- **Seelische Dosierung**
Ängste und depressive Verstimmung: Spagyrische Essenz 55 Piper methysticum – Kava-Kava, 30ml, 3-mal täglich 8 Tropfen.

- **Geistige Dosierung**
Schlafstörungen und zur Beruhigung des Geistes: Spagyrische Essenz 55 Piper methysticum – Kava-Kava, 30 ml, 3-mal täglich 4 Tropfen.

Das Wesen von Kava-Kava

Kava-Kava gleicht einem Himmelsleuchten, das Geist und Seele erhöht in lichterne Sphären. Es löst von schmerzlicher Gebundenheit und hilft, belastende Beziehungen zu klären. Kava-Kava schenkt Wärme, Liebe, Frieden und Gelassenheit, es gibt Kraft, die von großen Bürden und Lasten befreit. So atme nun die Stille, in der Ruhe liegt die Kraft, die Raum für Neues schafft. Sei frei von Unterjochung, Dogmen und Konventionen und lass einzig die Liebe in dir wohnen. Kava-Kava ist immer wohlgesonnen und gütig, ganz und gar edelmütig.

Piper methysticum ist ein wahres Wundermittel der Natur mit einer feinst abgestimmten Komposition arzneilich wirksamer Substanzen zur Anregung der Selbstheilungskräfte für körperliche, seelische und geistige Ausgeglichenheit und Harmonie.

So eine Krankheit im Leib ist, so müssen alle
gesunden Glieder wider sie fechten,
nicht eins allein, sondern alle,
denn eine Krankheit ist ihr aller Tod.
Also wird auch dein Arznei sein müssen,
dass sie in ihr hab das ganze Firmament
der oberen und der unteren Sphären.

Paracelsus

Piper methysticum
in der Homöopathie

Piper methysticum Globuli, die zu den homöopathischen Arzneimitteln zählen, werden aus dem Rauschpfeffer (Piper methysticum) hergestellt, der auch unter dem Namen Kava-Kava bekannt ist.

Charakteristische Leitsymptome für die Anwendung des Homöopathikums Piper methysticum sind die schläfrige Benommenheit und Erschöpfung, die brennenden Beschwerden beim Urinieren, die schmerzhaften Entzündungen an den Gelenken, der starke Bewegungsdrang unter Schmerzen und die Neigung der Haut, stark zu schuppen und sich geschwürig zu entzünden. Zu den mit Piper methysticum behandelten Symptomen und Krankheitsbildern gehören Schläfrigkeit und Benommenheit, schmerzhafte Gelenkerkrankungen, z.B. Arthrose und Entzündungen und Infekte des Harntraktes, z.B. Blasenentzündungen (Zystitiden), Harnröhrenentzündungen (Urethritiden). Auch Hauterkrankungen, typischerweise mit stark schuppendem Hautbild und Neigung zu Geschwür- und Eiterbildung, gehören zu den Indikationen von

Piper methysticum. Piper methysticum wird bei Erschöpfung und Schläfrigkeit verordnet, besonders wenn diese Symptome bei sonst geistig regen Personen auftreten. Ferner stellen Gelenkerkrankungen einen wichtigen Bestandteil der Heilanzeigen dieses Arzneimittels dar. In erster Linie wird es bei

Beschwerden, die durch Abnutzung und Verschleiß entstanden sind und somit dem Krankheitsbild der Arthrose entsprechen, verschrieben. Zu den organischen Hauptangriffspunkten werden in erster Linie das zentrale Nervensystem, der Harntrakt, die Gelenke und die Haut gezählt.

Geist und Gemüt:
Empfindliche Persönlichkeit mit größtenteils gehobener Stimmung. Für geistig rege Personen, die voller Lebenslust sind, intellektuelle Beschäftigung benötigen und viele eigene Ideen haben, die aber durch Erschöpfung, Schläfrigkeit oder Schlaflosigkeit gehemmt sind. Bei Schmerzen führt geistige Ablenkung zu einer zeitweiligen Besserung. Ruheloses Verlangen, die Stellung zu verändern.

Kopf:
Drückende Kopfschmerzen an verschiedenen Stellen. Kopfschmerzen treten oft gemeinsam mit Schläfrigkeit auf.

Verdauungsorgane:
Starke krampfhafte Schmerzen (Koliken) mit Blähungen). Funktionelle Verdauungsstörungen.

Harnorgane:
Vermehrter Urin, vermehrter Harndrang, Brennen bei der Entleerung der Harnblase (Miktion), Blasenentzündungen.

Bewegungsapparat:
Schmerzen im rechten Arm, Schmerzen im Daumengelenk. Die Hände fühlen sich wie gelähmt an. Schmerzen in den Gelenken entstehen vor allem durch Abnutzungsprozesse im Rahmen einer Arthrose. Verlust der Muskelkraft. Typisch für den Anwendungsbedarf der Globuli ist, dass der Patient trotz der Schmerzen und der Schwäche, wegen derer er sich kaum mehr auf den Beinen halten kann, den Drang verspürt, sich zu bewegen.

Haut:
Oft unreine, ungesunde und schuppige Haut. Jeder Kratzer beginnt zu eitern und heilt nur schwer. Sich ablösende Schuppen hinterlassen weiße Flecken auf der Haut, die die Form eines kleinen Geschwüres (Ulcus) annehmen können. Arznei wird auch bei der Fischschuppenkrankheit angewendet, einer erblichen Verhornungsstörung der Haut, bei der der Körper stellenweise oder vollständig mit dicken Schuppen überzogen ist. Auch die knotige und fleckige Erscheinung der Haut bei Lepra-Patienten, einer bakteriellen Infektionskrankheit, zählen zum Indikationsbereich.

Homöopathische Mittel

Homöopathische Mittel werden als „energetische Arzneien" bezeichnet. Ihre Wirkung basiert auf dem Ähnlichkeitsprinzip. Das bedeutet, dass die Mittel hier, anders als bei allopathischen Arzneien (Schulmedizin), dem Immunsystem nicht entgegengesetzt werden, sondern unterstützend zum Einsatz kommen. Es geht demnach nicht darum, dem Körper die Arbeit abzunehmen, sondern ihn in seinem natürlichen Tun zu unterstützen. Deshalb bedarf es eines der zu behandelnden Beschwerde ähnelnden Reiz, um diese Selbstheilungskräfte (Hahnemann sprach von der individuellen Lebenskraft) zu aktivieren.

Es wird ausdrücklich betont, dass es bei der Anwendung homöopathischer Mittel nicht um eine bloße Beeinflussung der Erkrankung geht, sondern vielmehr um die Belebung der Vis Mediatrix Naturae (Heilkraft der Natur). Sie soll helfen die Beschwerden zu neutralisieren. Der Gedanke hinter diesem Prinzip ist die Annahme, dass jeder Mensch auf vielfältige Art und Weise mit seinem Umfeld interagiert: die Homöopathie spricht hier vom Prinzip der harmonischen Resonanz. Dies umfasst sowohl positive als auch negative Auswirkungen und äußert sich bei jedem Individuum anders. Diese Auswirkungen werden für die homöopathische Behandlung nutzbar gemacht, indem Lebensenergie in flüssigen oder trockenen Medien eingeschlossen wird. Bei jedem Verdünnungsschritt des

Mediums wird folglich die enthaltene Energie weiter potenziert. Je höher also die Potenz, umso stärker wirkt das Mittel, auch wenn dies mit einer Verdünnung der ursprünglich enthaltenen Substanz einhergeht. Übrig bleibt die Energie, die mit dem Körper interagiert. Die Wirkung höher potenzierter Mittel geht tiefer und hält länger vor.

Das Prinzip der Homöopathie

Die Homöopathie ist eine Reiz- und Regulationstherapie. Mit Hilfe der passenden homöopathischen Arznei wird im Körper ein Reiz gesetzt, der die Selbstheilungskräfte aktiviert und dem Körper so hilft, zu gesunden. Der Begründer der Homöopathie, Dr. Samuel Hahnemann (1755 –1843), formulierte den Satz „Similia similibus curentur", was übersetzt wird mit „Ähnliches möge durch Ähnliches geheilt werden". Dieses sogenannte Ähnlichkeitsprinzip ist die Grundlage der Homöopathie. Sie besagt, dass eine Substanz, die beim Gesunden bestimmte Symptome hervorruft, ähnliche Symptome beim Kranken zu heilen vermag.

Similia similibus curentur -
Ähnliches möge durch Ähnliches geheilt werden.

Samuel Hahnemann

Piper methysticum in Synergie mit dem Amethyst

Der Amethyst ist eine Besonderheit in violett. Der Name dieses Edelsteins stammt vom griechischen Wort „amethyein", was „nicht betrunken" bedeutet und auf die entgiftende Wirkung des Amethysts anspielt, die angeblich Trunkenheit verhindern sollte.

Der Amethyst hat besonders reinigende Fähigkeiten auf den Geist. Alle überflüssigen Gedanken und Empfindungen werden durch den Amethyst geklärt. Die Konzentration wird dadurch gestärkt und die Objektivität des Denkens gefördert, wodurch auch Entscheidungen schneller gefällt werden können. Wahrnehmungen wie auch Erfahrungen können mit der Hilfe des Amethyst besser bewältigt, und Lernschwierigkeiten, Prüfungsangst, Kummer oder Trauer gelöst werden. Zudem besänftigt der Amethyst das Gemüt und sorgt auf langer Hinsicht für einen tiefen inneren Frieden, da negative Energien aufgelöst werden. Die violette Farbe des Amethysts beflügelt jedoch auch die Fantasie, denn es löst Blockaden und Hemmungen, was besonders im Schlaf die Verarbeitung von Konflikten durch Träume fördert. Der Amethyst sorgt für einen ruhigen und ausgleichenden Schlaf. Auch nach Albträumen kann er beruhigend wirken.

Der violette Amethyst weckt und unterstützt den Sinn für Spiritualität in uns. Urteilsvermögen und Gerechtigkeitssinn können gestärkt werden, so dass Ehrlichkeit und Aufrichtigkeit wachsen können. Der Amethyst fördert unsere geistige Wachheit und den Sinn für die mystischen Seiten unseres Lebens.

Der Amethyst wirkt gegen Zauberei und böse Gedanken. Er sollte vor falschen Freunden bewahren, Gefahren abwenden und schlechte Gedanken ins Gegenteil kehren.

Der Amethyst vermittelt mehr Hingabe und Vertrauen zum Leben, Wärme, Friede sowie Harmonie und kann Probleme weitsichtiger erkennen und lösen lassen. Die kühle des Edelsteins und die angenehme und beruhigende violette Farbe sorgen für eine angstfreie Atmosphäre.

Die Farbe Violett

Die meditative Farbe Violett symbolisiert Spiritualität, Intelligenz und Transformation. Sie ist heilend in ihrer Farbwirkung, stärkt das seelische Gleichgewicht und fördert die Entscheidungskraft. Gleichzeitig gilt Violett als Symbol der Mystik, Macht und Leidenschaft. Die Bedeutung der Farbe Violett beinhaltet zudem die Überschreitung von Grenzen in höhere Dimensionen. Als Farbe der Transformation und Spiritualität symbolisiert Violett die magische Stimmung hin zur Verschmelzung der Dualität. Die Farbe Violett fördert die Balance zwischen rechter und linker Gehirnhälfte und hat positive Effekte bei körperlichen und seelischen Blockaden.

Die Farbe Violett bezieht sich auf die Fantasie und Spiritualität. Sie regt die Vorstellungskraft an und inspiriert zu hohen Zielen. Violett hat die höchste Wellenlänge im sichtbaren Farbspektrum.

Violett hilft denen, die den Sinn des Lebens und die spirituelle Erfüllung suchen. Es erweitert unser Bewusstsein und ist deshalb häufig mit der Transformation der Seele verbunden. Violett, im Ton eines Amethysts ist komplex, vielschichtig und kompliziert in seinem Charakter ebenso wie in seiner Symbolik. In Violett vereint sich das irdische Rot mit dem himmlischen Blau und wird zum Inbegriff des mystisch Geheimnisvollen. Gleichzeitig vereinigt Violett alle weiteren Gegensätze von Rot und Blau: das Kalte mit dem Heißen, das Präsente mit dem Flüchtigen, das Männliche mit dem Weiblichen. In der klassischen Farbdeutung ist Violett ein Symbol für die Zukunft, die Fantasie und die Träume, während es gleichzeitig emotional beruhigend wirkt. Die Farbe Violett inspiriert zu bedingungsloser und selbstloser Liebe, die frei von Selbstsucht ist.

Im Lichte der Natur

Alle Erkenntnis der Welt, die wir auf Erden besitzen, stammt nur aus dem Lichte der Natur. Dieses Licht reicht vom Sichtbaren zum Unsichtbaren und ist hier so wunderbar wie dort. Im Lichte der Natur ist das Unsichtbare sichtbar.

Paracelsus

Violett die Farbe
des Kronenchakras

Das Kronenchakra verbindet dich mit dem Göttlichen. Es ermöglicht dir, die Erfahrung von Einheit und die Verbindung aller Dinge zu erleben. Mithilfe des siebten Chakras kannst du die Beschränkungen deines Egos überwinden, du lernst im größeren Schema zu denken und lebst dein Leben mit Dankbarkeit und Vertrauen. Das Kronenchakra gibt und erhält Energie der Bewusstheit. Hier ist das Energiezentrum, mit dem du deine Gedanken, dein Bewusstsein, deine Weisheit und deine Verbindung zum Göttlichen beeinflussen, heilen und stärken kannst. Ein ausbalanciertes und aktiviertes Kronenchakra führt zu einem Gefühl des Einsseins, das spiritueller Ekstase gleichgesetzt wird. Es erlaubt den Zugang zu absoluter Klarheit und erleuchteter Weisheit. Hier treffen sich das Endliche und das Unendliche. Das Kronenchakra steht für das Heimkommen, die Erleuchtung, das Einswerden und die Auflösung der Dualiät.

Die dem Kronenchakra zugeordneten Drüsen sind die Hypophyse – sie ist für die Regulation des gesamten Hormonsystems zuständig – die Zirbeldrüse und der Hypothalamus. Damit steht das Kronenchakra für die Regulierung des Schlaf-Wach-Rhythmus und das gesamte vegetative Nervensystem.

Die Verstimmung

Jeder von uns hat schon Phasen der Niedergeschlagenheit, Verzagtheit, Freudlosigkeit oder innere Erschöpfung erlebt. Verstimmung und Trauer sind ganz normale Reaktionen der Psyche auf gewisse Ereignisse, eine private Enttäuschung, einen beruflichen Misserfolg, eine Trennung oder den Verlust eines geliebten Menschen. Das Stimmungstief ist meist eng mit einem belastenden Ereignis verbunden, sobald der Schmerz oder die Belastung nachlässt, hellt sich die Stimmung nach einer gewissen Zeit wieder auf. Diese vorübergehenden Stimmungstiefs, die umgangssprachlich oft mit den Begriffen „deprimierend", „depressiv" oder „Depression" versehen werden, müssen von der Depression im medizinischen Sinn unterschieden werden.

Obwohl der Übergang von einer normalen Verstimmung zu einer krankhaften depressiven Episode von den meisten Menschen als fließend empfunden wird, kann der erfahrene Arzt eine relativ klare Unterscheidung treffen. Depressionen im medizinischen Sinn stellen eine ernst zu nehmende Erkrankung dar, die einer Behandlung bedarf und die sich meist auch gut behandeln lässt.

Die Traurigkeit

Sei nicht traurig: Die Traurigkeit veranlasst dich, dir Gift vorzustellen, obwohl du eigentlich reines Wasser siehst, einen Kaktus zu sehen, obwohl du auf eine Rose blickst, eine öde Wüste zu sehen, obwohl du einen üppigen Garten betrachtest, dich wie in einem unerträglichen Gefängnis zu fühlen, obwohl du auf einer großen und geräumigen Erde lebst.

Die traurige Verstimmung

Die traurige Verstimmung ist oft das dominierende Symptom bei einem depressiv erkrankten Patienten. Diese sind hoffnungslos, freudlos und sehen keinen Weg mehr in die Zukunft. Die Gegenwart scheint endlos und die Umwelt wird grau und farblos wahrgenommen. Gelegentlich können Patienten diese traurige Verstimmung nicht ausdrücken oder nicht einmal mehr als solche empfinden. Sie berichten dann, dass sie nicht traurig sein können, dass alles leer, tot und wie versteinert sei. Auch das Nicht-Weinen-Können und das Nicht-Fühlen-Können kommt bei diesen Patienten vor. Das Fehlen subjektiver Trauer geht oft mit innerer Leere oder dem Gefühl der Gefühllosigkeit einher.

Seelische Verstimmungszustände haben viele Gesichter

Freudlosigkeit, Kraftlosigkeit, Überlastung, Stimmungswechsel, Reizbarkeit, Unruhe und nervös bedingte Ein- und Durchschlafstörungen. Im Gegensatz zu psychischen Erkrankungen handelt es sich hierbei um momentane, vorübergehende Gemütszustände, die im Kontext mit aktuellen Ereignissen stehen. Seelische Verstimmungen werden dabei meist durch gegenwärtige Belastungen ausgelöst, beispielsweise durch Misserfolgserlebnisse, Stress, finanzielle Sorgen, einschränkende körperliche Beschwerden oder Konflikte mit anderen Menschen.

Die Depression

Im Vordergrund stehen die gedrückte Stimmungslage, die Interesse- und Freudlosigkeit sowie ein Mangel an Antrieb beziehungsweise Tatendrang. Häufig ziehen sich diese psychischen Symptome bei Depressiven über einen sehr langen Zeitraum. Charakteristisch ist auch, dass die Niedergeschlagenheit oft ohne Grund auftritt und an einer Depression Erkrankte sich nicht aufheitern lassen. Depressive berichten über Gefühle der Angst und Hoffnungslosigkeit, manche auch über das ständige Bedürfnis zu weinen. Vielfach wird ein Zustand der Gefühllosigkeit oder der inneren Leere beschrieben. Bei manchen Betroffenen kann es hingegen zu ängstlicher Anspannung und Unruhe kommen.

Menschen, die an einer Depression leiden, glauben oft, in irgendeiner Weise selbst für die Ursache der Erkrankung verantwortlich zu sein, die Krankheit wird demnach als Folge persönlichen Versagens angesehen. Zudem werden die Betroffenen häufig von starken Schuldgefühlen geplagt und leiden an mangelndem Selbstwertgefühl. Auch machen sich vielfach Konzentrationsstörungen bemerkbar: Betroffene klagen etwa über Gedächtnislücken und nachlassendes Denkvermögen. Sprechen und Denken können sich verlangsamt zeigen, inhaltlich können wiederkehrende Gedanken über Tod und Selbstmord (Suizid) im Vordergrund stehen. Bei manchen Erkrankten kommt es zu einem Schuld-, Verarmungs- oder Krankheitswahn.

Charakteristisch für eine Depression sind Veränderungen des Biorhythmus: Es kommt zu Schlafstörungen, typischerweise in Form von frühzeitigem Erwachen, das von Grübeln gefolgt ist. Auch die Stimmung ist tageszeitlichen Schwankungen unterworfen: So sind depressive Symptome zu Tagesbeginn am stärksten ausgeprägt, gegen Nachmittag kommt es meist zu einer Aufhellung. Darüber hinaus kann es zu einer Minderung des Appetits und der sexuellen Lust kommen. Aber auch körperliche Beschwerden wie Kopfschmerzen, Rückenschmerzen, Kreislaufstörungen, ein Druck auf der Brust, Verstopfung oder Völlegefühl können durch eine Depression ausgelöst oder verstärkt werden.

Auch wenn manchmal ein besonderer Schicksalstag als Auslöser erscheint (Verlust, Kränkung, Scheitern von Plänen und Lebensmöglichkeiten), sind viele Depressionen das Endergebnis einer langen Kette von Belastungen, bei denen der letzte Tropfen das Fass überlaufen lässt. Ungünstige Denkgewohnheiten, starre Verhaltensmuster und einseitige Erwartungen der Umwelt halten die Depression beharrlich am Leben. Depressive Menschen beklagen meist einen Mangel oft in Form von Zuwendung und echter Wertschätzung. Dieser kann von Familienangehörigen und Therapeuten nicht nachträglich in Form einer Wiedergutmachung ausgeglichen werden. Soweit es eine Lösung gibt, besteht sie meist darin, das fehlende zu betrauern und es durch eigenes, neues Verhalten zu ersetzen.

> Kava-Kava wirkt antidepressiv. Es hebt die allgemeine Stimmungslage und führt zu leichter Euphorie, man fühlt sich in der Regel entspannt, wohl und klar denkend.

Bei der Trauer ist die Welt
arm und leer geworden,
bei der Melancholie (Depression)
ist es das ich selbst.

Sigmund Freud

Schließe Frieden mit dir selbst

Gib das Schwert des Kampfes ab und wähle den friedlichen Weg. In jeder Situation gibt es eine friedvolle Alternative. Friedfertigkeit erhöht den Energiefluss und trägt dich auf die Welle des Einsseins zum gewünschten Ziel. Der friedliche Weg macht dich frei.

Zufriedenheit und Mitgefühl sind für das eigene Wohlbefinden von großer Bedeutung. Dies schließt den zwischenmenschlichen Umgang und den Umgang mit der ganzen Natur ein. Zufrieden sein bedeutet, sich sicher und geborgen zu fühlen, zu wissen, dass wir ein Teil der Schöpfung sind und dass alles zu uns kommt was wir brauchen.

Innerer Frieden zeichnet sich durch Gelassenheit inmitten des größten Tumults aus. Eine vergnügliche, mitfühlende und gesunde Lebenseinstellung hilft uns, den richtigen Weg zu finden und mit uns selbst, mit Gott und unserer Umwelt verbunden zu bleiben. Wähle den friedvollen Weg! Sei zufrieden mit dir und dem, was dich umgibt und lausche auf die Stimme deines Herzens.

Affirmation
zu Kava-Kava

Ich möchte jetzt Frieden schließen mit meiner Vergangenheit. Ja, ich möchte jetzt Frieden schließen mit meiner Vergangenheit.

Ich werde jetzt Frieden schließen mit meiner Vergangenheit. Ja, ich werde jetzt Frieden schließen mit meiner Vergangenheit.

Ich schließe nun Frieden mit meiner Vergangenheit. Ja, ich schließe nun Frieden mit meiner Vergangenheit.

Ich habe nun Frieden geschlossen mit meiner Vergangenheit. Ja, ich habe nun Frieden geschlossen mit meiner Vergangenheit.

Ich bin nun im Frieden mit meiner Vergangenheit. Ja, ich bin nun im Frieden mit meiner Vergangenheit.

HO`OMAKAI – Segen

Wir sind hier, um das Leben zu segnen und den Segen im Leben zu erfahren. In allen spirituellen Traditionen ist das Segnen sehr wichtig und Bestandteil jedes Anlasses. Segnen bedeutet, potentiell Gutes durch Worte, Bilder oder Taten zu bekräftigen und das was gesegnet wird, mit Licht zu versiegeln. Der Segen macht uns frei.

Möge der goldene Regen des Segens,
der Liebe, des Friedens, der Weisheit
und des Schutzes um uns fließen
und uns durchdringen,
in die Situation fließen
und sie durchdringen
und auch durch die ganze Welt,
zu Ehre und zum Ruhme
Gottes.

Kava-Kava
Piper methysticum

Kava-Kava Präparate

- **Spagyrische Essenz von Phylak®**
  55 Piper methysticum – Kava-Kava

- **KAVA Hevert®**
  Piper methysticum D4

Komplexmittel mit Kava-Kava

- **Metakaveron® Streukügelchen META Fackler**
  Argentum nitricum D5, Sumbulus moschatus D2, Mandragora D6, Piper methysticum (Kava-Kava) D2

- **Metakaveron® Tropfen META Fackler**
  Argentum nitricum D5, Mandragora D6, Piper methysticum (Kava-Kava) D6, Sumbulus moschatus D2

- **P-STA spag. Peka Tropfen Pekana**
  Acidum phosphoricum D3, Amanita muscaria D6, Semecarpus anacardium D10, Avena sativa spag. D1, Cinchona pubescens spag. Peka D3, Strychnos ignatii spag. D4, Schoenocaulon officinale D4, Piper methysticum spag. D8

- **Pekana Komplex Nr. 66 Streuküglechen**
  Acidum phosphoricum D3, Amanita muscaria D6, Semecarpus anacardium D10, Avena sativa spag. D1, Cinchona pubescens spag. Peka D3, Strychnos ignatii spag. D4, Schoenocaulon officinale D4, Piper methysticum spag. D8

- **NEUREG spag. Peka Tropfen Pekana**
  Avena sativa Ø, Cinchona succirubra spag. D4, Argentum nitricum D6, Piper methysticum D8, Staphisagria D6, Ginseng Ø, Conium maculatum D4, Nux Vomica spag. D4

- **Dystorell® Tropfen Sanorell Pharma**
  Acidum phosphoricum D6, Avena sativa D6, Gelsemium sempervirens D6, Ignatia D4, Passiflora incarnata D6, Piper methysticum (Kava Kava) D10, Zincum isovalerianicum D8

Kava-Kava homöopathische Mittel

- Piper methysticum D5, D6, D12, D20, D30
- Piper methysticum C30, C200, C100
- Piper methysticum LM- oder Q-Potenzen

Quellen- und Literaturhinweise

- Aloha von Jeanne Ruland
- Homöopathie bei ADHS von Thomas Bonath
- Atlas Gehirn von Rita Carter
- Heilpflanzen Praxis Heute
  von Siegfried Bäumler
- Arzneimittelprogram von meta Fackler Arzneimittel GmbH
- Hevert-Vademecum von Hevert Arzneimittel
- Bundesinstitut für Medikamente und Arzneimittel, BfArM, Risikobewertungsverfahren: Kava-
  Kava (Piper methysticum)-haltige und Kavain-
  haltige Arzneimittel einschließlich homöopathischer Zubereitungen mit einer Endkonzentra-
  tion bis einschließlich D4, Website vom
  23.12.2019
- https://www.phytodoc.de/heilpflanzen/kava-
  kava
- https://de.wikipedia.org/wiki/Kava
- https://www.lmu-klinikum.de/psychiatrie-und-
  psychotherapie/patientenportal/krankheitsbil-
  der/angste
- https://www.globuli.de/einzelmittel/globuli-
  von-p-bis-q/piper-methysticum/
- https://www.edelsteine.net/amethyst/

Fotonachweis

- Alle Fotos von www.123rf.de

Über den Autor

Matthias Felder, Jahrgang 1972, Absolvent der Fachschule für Naturheilweisen Josef Angerer in München, Heilpraktiker in eigener Praxis in Neuburg am Inn, Dozent an der Paracelsus Heilpraktiker Schule.

In regelmäßigen Abständen führe ich Seminare über Themen durch, die Ihnen dabei helfen können, sich in leichteren Fällen selbst zu helfen oder durch eine Veränderung Ihrer Lebensumstände Beschwerden erst gar nicht entstehen zu lassen. Diese Veranstaltungen finden in der Regel im kleinen Kreis in meiner Praxis statt um zu gewährleisten, dass ich sehr individuell auf die Interessen meiner Teilnehmer eingehen kann.

www.naturheilweisen.biz